QUELQUES

FAITS HISTORIQUES

RELATIFS A L'ÉLECTION

DE M. GRÉGOIRE.

QUELQUES

FAITS HISTORIQUES

RELATIFS A L'ÉLECTION

DE M. GRÉGOIRE,

EN 1819,

DANS LE DÉPARTEMENT DE L'ISÈRE;

Par M. A. CHOPPIN-D'ARNOUVILLE,

MAITRE DES REQUÊTES EN SERVICE EXTRAORDINAIRE, ANCIEN PRÉFET DE L'ISÈRE, EX-PRÉFET DU DOUBS.

PARIS,

IMPRIMERIE DE FAIN, PLACE DE L'ODÉON.

1820.

QUELQUES
FAITS HISTORIQUES

RELATIFS A L'ÉLECTION

DE M. GRÉGOIRE.

LE libelle de M. Clausel de Coussergues, ayant pour titre : *Projet de l'acte d'accusation contre M. le duc Decazes*, fera sûrement éclore une foule de réponses, moins pour la défense de l'ancien président du conseil, dont les services éminens répondent à d'obscurs détracteurs et à d'atroces calomnies, que pour relever la perfide inexactitude de quelques faits, et l'insigne fausseté d'un plus grand nombre; bien plus encore pour combattre ouvertement un parti qui, par cette attaque violente contre M. Decazes, et par tous ses actes, se montre l'ennemi des intérêts nationaux. Quelle que soit la haine que ce parti porte à l'ancien président du conseil des ministres, ce n'est pas le ministre qu'il attaque, mais bien clairement les existences et les intérêts nouveaux dans leur défenseur, et l'un des principaux conseillers de l'ordonnance mémorable du 5 septembre.

Je me proposais d'entrer à ce sujet dans de plus grands détails ; mais ayant été prévenu par mon honorable ami M. d'Argout, je vais entreprendre une autre tâche.

Ayant administré le département de l'Isère pendant deux ans et demi, je me trouve naturellement appelé à répondre à la partie du libelle qui a rapport à ce département ; et comme je puis présenter des faits clairs et positifs, je m'appesantirai davantage sur les causes qui ont produit l'élection de M. Grégoire. Il me sera facile de prouver que ce choix de 1819 a une toute autre source que celle désignée par M. Clausel.

Je m'efforcerai d'être clair ; si je me fais bien comprendre, on me pardonnera des transitions trop brusques peut-être, mais nécessaires pour l'exposé des faits et la rapidité du récit.

Quelles qu'aient été mes recherches, il m'a été impossible d'obtenir des notions bien exactes sur l'affaire de Grenoble du 4 mai 1816. Toutes les traces avaient été enlevées lorsque je fus appelé à l'administration de ce département.

Il est de fait cependant qu'une trame fut ourdie par Didier, esprit très-entreprenant, homme criblé de dettes, et entièrement déconsidéré, et qu'il parvint à entraîner jusqu'aux portes de Grenoble trois ou quatre cents paysans, la plupart non armés et ne sachant quel était le dessein de leur chef.

Quelques douaniers avaient pu se laisser séduire, mais il est faux que ce corps ait participé au complot; cette non-participation est prouvée par toutes les enquêtes qui ont été faites. Les chefs du soulèvement, dans leur interrogatoire, ont bien pu dire qu'ils comptaient sur quinze cents douaniers; mais de qui tenaient-ils cette assurance? de trois ou quatre douaniers qu'ils avaient mis dans leur intérêt et qui les trompaient; au surplus, ils se trompaient mutuellement, car les chefs du complot, comme s'ils étaient incertains sur leur but, ou qu'ils n'en eussent pas d'autre que d'opérer un mouvement pour aviser ensuite aux moyens d'en profiter, parlaient dans des sens biens différens, en se ralliant à l'opinion de ceux qu'ils voulaient entraîner.

Quelle foi, par exemple, peut-on ajouter aux assertions de M. Clausel de Coussergues, quand il dit « que le chef des quinze cents douaniers » s'est enfui en Piémont, » tandis qu'il est avéré que cet inspecteur était cruellement tourmenté depuis quarante jours d'une maladie aiguë qui le retenait dans sont lit, et que le 2 mai il se fit transporter aux eaux d'Aix en Savoie sur une litière?

Y a-t-il eu dans cette affaire des agens provocateurs? C'est ce qu'il est impossible d'affirmer, sur tout quand on considère que le chef était un homme fort capable, fort entreprenant, et que l'état de ses affaires rendait encore plus audacieux; et c'est ce qu'on ne peut néanmoins repousser. Ceux qui l'année suivante, à l'époque de l'affaire de Lyon (8 juin 1817), en employaient à Grenoble pour faire un pareil mouvement, et qui envoyaient à Lyon à cette même époque un renfort de cette misérable espèce, connaissaient peut-être par expérience la puissance de pareils moyens (1).

Il serait absurde de penser qu'il soit possible d'organiser une conspiration, de la provoquer quand il n'en existe pas d'élémens; mais on peut expliquer ainsi des événemens qui paraissent extraordinaires : on profite de la disposition hostile de quelques esprits, de quelques paroles imprudentes, pour pousser, avec le secours d'agens secrets bien dévoués, une partie mécontente de la population, et l'on transforme ainsi en conspirateurs des hommes seulement mécontens ou inconsidérés.

Les suites de cette malheureuse affaire du 4 mai ont été déplorables pour le département de l'Isère : je n'entreprendrai pas d'en donner les détails; j'ai encore été prévenu sur ce point; il me tarde d'arriver à l'époque des

---

(1) Lire le plaidoyer de M. Couture dans le procès entre M. le lieutenant-général Canuel et MM. le colonel Fabvier et Saineville.

élections de 1819, le seul but, pour ainsi dire, que je me sois proposé en prenant la plume.

Toutefois il importe de faire remarquer que les vexations sans nombre qui ont suivi cette affaire, et qui se sont répandues dans tout le département, quoique les troubles ne partissent que de quelques communes des montagnes de l'arrondissement de Grenoble, ont produit un mécontentement qu'un gouvernement plus doux n'a pu que faire sommeiller; le réveil était marqué pour l'époque des élections; on aperçut une manière légale de manifester ce mécontentement : cette idée fut saisie sans trop remarquer quelles pourraient en être les suites; et cependant, si ont eût réfléchi davantage, il était facile de les prévoir; enfin, comme affaire de parti, c'était du plus mal joué possible.

Jusqu'au moment des élections, la nomination de M. Grégoire à la députation ne paraissait pas avoir de grandes chances de succès, parce qu'alors on pouvait juger les opinions des électeurs séparément, et non échauffés par le tumulte et les intrigues inséparables des grandes réunions d'hommes ; mais la chance tourna le jour même de l'ouverture du collége électoral ; la nomination de ce candidat qui, quelques jours auparavant, paraissait chose impossible, ne devint plus que douteuse.

On avait bien entendu quelques *royalistes* du genre de M. Clausel déclarer qu'ils préféreraient donner leurs voix à M. Grégoire plutôt qu'à un ministériel ; on avait lu dans quelques journaux du même parti , et notamment dans le Conservateur , un avis dans ce sens , adressé aux électeurs *royalistes* ; mais on ne pouvait penser qu'ils réalisassent un tel projet , et qu'ils se rendissent à des avis aussi contraires aux principes de *pureté* qu'ils ne cessaient de manifester.

Dans quelle erreur étaient à cet égard les hommes de bonne foi ! erreur bien excusable de ne pas croire qu'une telle aberration fût possible !

Cependant, en recueillant des paroles échappées à quelques-uns de ces *royalistes*, il ne devint que trop clair qu'on voulait un prétexte ; et alors on voulut l'élection de M. Grégoire, c'est-à-dire qu'on se promit d'y concourir.

Si on reprend, en effet, même les moindres événemens depuis la restauration, ne verra-t-on pas le parti aristocratique en exploiter à son profit les diverses circonstances , et, toujours en les dénaturant, se présenter comme le plus fort, le plus nombreux, et comme seul capable de gouverner ? Et dans ces derniers temps, n'a-t-il pas fait servir à ses desseins le plus déplorable événement ? Que ceux qui oseront nier que dans cette affreuse circonstance la douleur céda à l'intérêt, ou n'en fut que l'appui, s'adressent à M. Clausel de Coussergues : il a donné à son parti, par son étrange et atroce calomnie, une couleur devenue ineffaçable ; son nom passera à la postérité pour qualifier les grands calomniateurs.

Le premier tour de scrutin fut favorable à MM. Savoye-Rollin, Français (de Nantes) et Sappey; ils furent élus à une très-grande majorité.

Le nombre des votans était de 1019.

M. Grégoire obtint 480 voix ; il lui en manquait 30.

M. Rogniat, candidat ministériel, 350.

M. le marquis Planelli de Lavalette, candidat adopté par le parti ultrà-royaliste, 220.

C'est de cette répartition du nombre des voix qu'il faut partir, pour arriver à déduire les conséquences qui résultent des différences entre le nombre de voix obtenues par chacun de ces trois candidats aux deux tours de scrutin.

Il est à remarquer que les efforts inouïs faits pour l'élection de M. Grégoire ne purent pas la faire passer au premier tour de scrutin ; que cette déconvenue dut nécessairement lui enlever un grand nombre de suffrages : j'en pourrais citer quelques-uns, notamment de l'arrondissement de la Tour-du-Pin, qui se trouvait désintéressé par la nomination de M. Sappey.

Au second tour de scrutin, le nombre des votans ne fut que de 997 ; d'après le relevé fait des 22 suffrages en moins, il y avait 11 voix pour M. Grégoire, 6 pour M. Rogniat, 5 pour M. de Lavalette (1).

Le nombre de voix de M. Grégoire se trouvait donc réduit à 469 ; dans son parti, elles se trouvaient encore réduites, ainsi qu'il sera expliqué ci-après, des 9 voix gagnées par M. Rogniat, et de 14 voix sur les 17 que M. Flory obtint au second tour de scrutin.

Sur cette dernière allégation, une explication me paraît utile.

M. Flory était porté par une fraction du parti qui portait M. Grégoire. Ce candidat réunit 93 voix au premier tour de scrutin ; et presque tous les bulletins qui portaient M. Flory portaient aussi M. Grégoire ; ainsi, le scrutin étant unique, les 17 voix données à M. Flory ont ôté autant de voix à M. Grégoire. Il faut cependant en excepter trois électeurs qui n'avaient pas la veille porté M. Grégoire. Il résulte de ce qui précède que M. Grégoire se trouvait réduit dans son parti à 446 voix.

Or, il a obtenu 512 suffrages au second tour de scrutin ; il a donc gagné 66 voix : où ces 66 voix ont-elles donc été prises ? Tel est l'objet de la question.

J'ai déjà dit que M. Rogniat avait obtenu

___

(1) Je ne fais pas mention de cinq bulletins nuls ; je dis qu'il manquait 22 électeurs au second scrutin, qui avaient voté au premier, que telle était la répartition de ces 22 suffrages.

35o voix au premier tour de scrutin ; par l'effet de la réduction du nombre d'électeurs, la section de l'assemblée électorale qui portait ce candidat se trouvait réduite à 344 électeurs. Il n'y avait aucun espoir de gagner des voix dans le parti ultrà, car les électeurs les plus modérés de ce parti en avaient formé un mixte qui portait MM. le marquis Planelli de Lavalette, Augustin Périer, le comte Bérenger, conseiller-d'état, et M. Rogniat. Cette fraction était composée d'environ 5o électeurs ; ainsi M. Rogniat ayant eu 353 voix au second tour de scrutin, n'avait pu prendre que dans le parti qui portait M. Grégoire l'excédant de 9 voix.

Ceci se trouve prouvé par le message fort extraordinaire que remplit M. le marquis de M.......s *[Murinays]* auprès de la réunion, à l'orangerie, des électeurs qui portaient M. Rogniat. M. de M....s proposa à ces électeurs de réunir toutes les voix sur M. Planelli de Lavalette, et il donna à l'appui de cette proposition des motifs si burlesques, qu'elle fut unanimement rejetée. Ce refus l'anima à un tel point qu'il se permit les plus violentes sorties contre le gouvernement, les ministériels, la loi des élections ; et il déclara plusieurs fois « que son parti nommerait » M. Grégoire ; il ajouta que son parti prouve- » rait ainsi que la loi des élections était mau- » vaise ; qu'il fallait que l'état déplorable des » choses changeât d'une manière ou d'une autre,

» et qu'alors l'élection de M. Grégoire serait un
» heureux prétexte. » Il fut hué, et sortit. Deux
cents témoins peuvent affirmer l'exacte vérité
de ce fait. La troisième section, où votait M. le
marquis de M......s, fut celle où M. Grégoire
gagna le plus de voix sur le scrutin précédent.
J'ajouterai, non pour l'avoir vu, mais parce
que le fait m'a été affirmé, que M. de M.......s
ayant déployé son scrutin, le bureau y avait
lu, écrit en très-gros caractères : *Grégoire* ,
ex-sénateur (1).

Cependant il est présumable que quelques
électeurs de ce parti ont donné leurs voix à
M. Rogniat, ou qu'un plus grand nombre de
suffrages du parti Grégoire se sont portés sur
M. Rogniat au second tour de scrutin ; et je
me fonde sur ce qu'il n'est pas possible de croire
que le parti mixte dont j'ai parlé plus haut
n'ait pas donné quelques voix à M. le marquis
de Lavalette ; mais j'abandonne volontiers en
grande partie cette dernière hypothèse , quoi-
qu'elle soit favorable à la question que je traite.

J'arrive aux diverses chances de M. le marquis Planelli de Lavalette : j'ai déjà dit que ce
candidat avait obtenu 220 suffrages au premier
tour de scrutin ; au second scrutin , l'absence

____

(1) Un autre électeur du même parti disait publique-
ment, en montrant son bulletin où était écrit, en gros
caractères, *Grégoire* , *ex – sénateur : « Nous avalons*
» *Grégoire pour faire vomir le préfet.* »

de quelques électeurs avait réduit à 215 ce nombre de voix ; elles furent encore réduites des suffrages donnés par le parti mixte à M. Rogniat, et de 3 voix que MM. Vallier et Berlioz obtinrent au second tour de scrutin ; ces soustractions porteraient à environ 180 voix la force réelle du parti ultrà-royaliste : or, à ce second tour de scrutin, M. le marquis de Lavalette n'a obtenu que 112 voix ; que sont devenus les 68 suffrages qui lui ont manqué dans son parti ? Cette question est facile à résoudre, ou plutôt elle résout la première.

Cette exposition des faits peut se réduire à la plus simple expression : trois partis se disputaient la dernière élection ; l'un a gagné 66 voix du premier au second tour de scrutin ; le second est resté à peu près stationnaire ; le troisième a perdu le nombre de voix gagnées par le premier ; la mutation n'est-elle pas clairement expliquée ? et serait-il possible de penser, alors même qu'on n'aurait pas égard à l'état d'exaspération extrême où se trouvaient les esprits, que le premier a gagné sur le second, et que le second, restant stationnaire, a dû gagner en même quantité sur le troisième ?

Beaucoup d'autres circonstances corroborent tout ce qui précède. Indépendamment des discours tenus par M. le marquis de M......., dans sa burlesque ambassade à l'orangerie, on a recueilli toutes les paroles échappées à MM. G....D-

B......e, marquis de V........e; M.....d, fermier, deux membres de la cour royale, MM. C....-L......e, Vincent Dumoulin, G.....e, Saint-R......s, etc., etc.

Il résulte de tout ce que je viens de dire, que les forces du parti Grégoire n'étaient pas suffisantes pour faire passer cette élection, que le parti *royaliste* pouvait seul faire pencher la balance en faveur de M. Rogniat ou de M. Grégoire, qu'il s'est décidé pour ce dernier, et qu'ainsi la nomination est de son fait.

Je déclare affirmer toute la vérité des faits que je viens de relater. Je ne crains pas, je désire même qu'il soit fait une enquête sur une circonstance qui a eu, comme prétexte, une si grande influence sur la marche des choses; et si on y réunit celles qui pourraient encore être faites sur d'autres événemens, les intrigues d'une faction seraient tellement dévoilées qu'on n'aurait plus à en redouter les résultats.

C'est alors, seulement alors que notre patrie pourra espérer paix et bonheur à l'abri de la Charte, et sous le gouvernement paternel des Bourbons; c'est alors que la puissance législative pourra travailler avec maturité à la confection des lois qui doivent compléter notre état représentatif, et qui, se prêtant un mutuel appui, offriront à tous les citoyens des garanties fortes et indestructibles contre les invasions de l'aristocratie.

FIN.